D0855391

3 1112 00576738

SPA E BICKFORD-SMITH, C
Bickford-Smith, Coralie
El zorro y la estrella

WITHDRAWN

092217

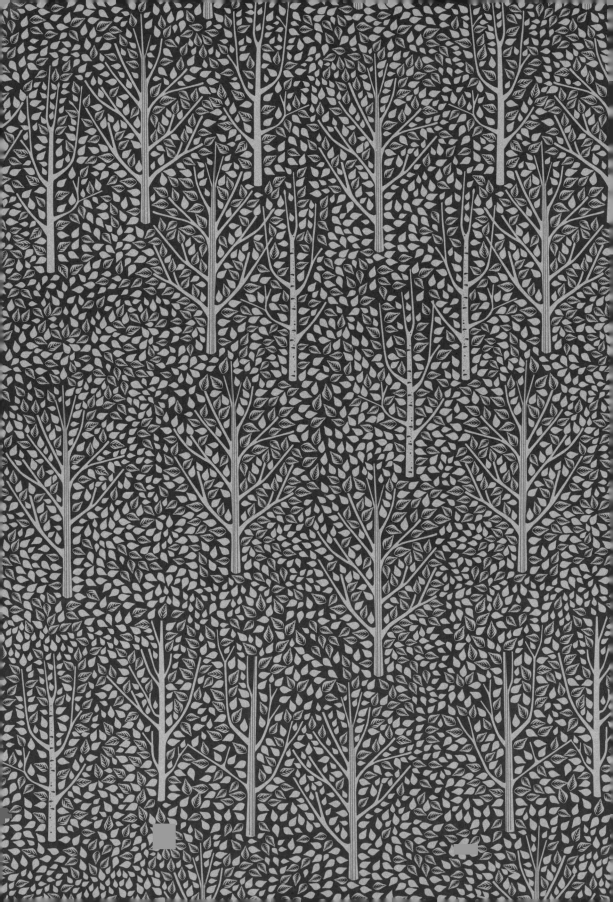

EL
ZORRO
Y
LA
ESTRELLA

EL ZORRO Y LA ESTRELLA

CORALIE BICKFORD-SMITH

ROCKFORD PUBLIC LIBRARY

Abigaíl

Había una vez
un Zorro
que vivía
en un bosque
denso y profundo.

Siendo él pequeño
y llegando los árboles
mucho más arriba
que las puntas
de sus orejas,
Zorro se asustaba
con facilidad
y no se atrevía
a alejarse
de su madriguera.

Pero, desde
que tenía memoria,
se había despertado
todas las noches
con la luz plácida
y serena de Estrella.

Juntos trazaban
senderos entre
los árboles,
y Estrella atenuaba
las sombras
que encontraban
a su paso.

Estrella
era
la
única
amiga
de
Zorro.

Estrella iluminaba
el camino
para Zorro
cuando él buscaba
escarabajos
y echaba a correr
entre las marañas
de espinas.

Estrella miraba
cuando Zorro
perseguía a los
conejos a toda
velocidad por
los matorrales.

Zorro se sentía
bien incluso
cuando llovía.

Le pedía a Estrella
que brillara a través
de las nubes
para poder bailar
al ritmo del tintineo
de las gotas al caer.

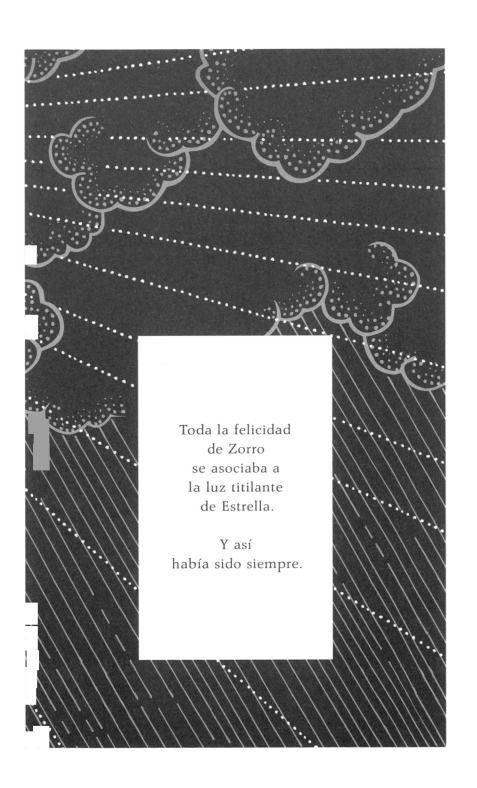

Toda la felicidad
de Zorro
se asociaba a
la luz titilante
de Estrella.

Y así
había sido siempre.

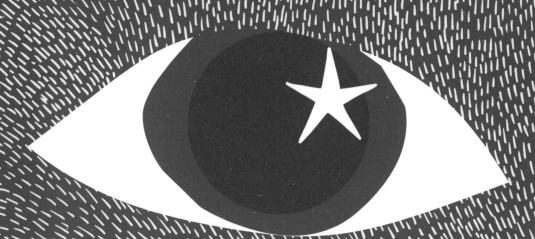

Pero

una

noche

Zorro

despertó

Zorro llamó
a Estrella,
pero Estrella
no apareció.

El bosque siguió
sumido en el frío
y la oscuridad
y la quietud.

Los días
siguientes,
Zorro soñó
que Estrella
volvía.

Pero la oscuridad
solo lo cercaba
más y más.

Sin Estrella
no encontraba
razón para
salir.

Solo y asustado,
se acurrucaba
en su madriguera.

Días y noches
pasaron en silencio,
hasta que algo
se agitó en el bosque.

Los escarabajos
se ponían
en marcha
y correteaban
hacia el Zorro.

Cada

vez
     llegaban

     cerca

más   aquellos

     bichejos

     en

     busca

del

cuerpo

de   su   cueva.

     de

Zorro

oculto   dentro

El olor
de mil
escarabajos
despertó
el hambre
en Zorro.

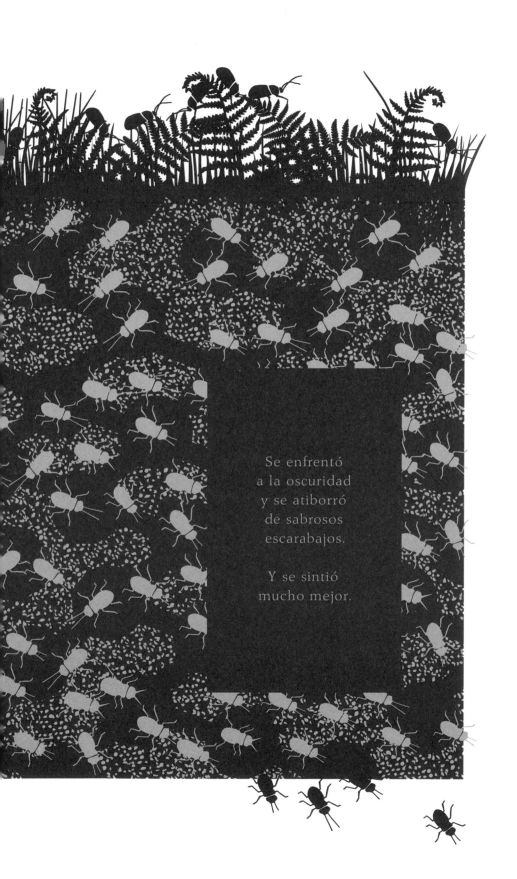

Se enfrentó
a la oscuridad
y se atiborró
de sabrosos
escarabajos.

Y se sintió
mucho mejor.

Había llegado
el momento
de ir a buscar
a Estrella.

Zorro atisbó en la noche y solo distinguió un montón de espinas.

—¿Has visto a mi Estrella? —preguntó Zorro a la maleza. Pero las espinas nunca habían oído hablar de Estrella.

Luego Zorro
encontró
una colonia
de conejos.

—¡¿Habéis visto
a mi Estrella?!
—gritó al interior
de la madriguera.

Pero
los
conejos
no
tienen
tiempo
para
zorros.

De pronto, Zorro
había ido más allá
de la parte del bosque
que conocía.

Miró hacia las copas
de los árboles.

—¡¿Habéis visto
a mi Estrella?!
—gritó.

Pero los árboles
eran demasiado altos
para oírlo.

Zorro
se sorprendió
en un claro,
vacío y tranquilo,
que nunca antes
había visto.

Se dejó
caer
al suelo
y se
quedó
dormido.

Zorro se despertó
con el sonido
de la lluvia.
Quería saber
si ella había visto
a Estrella
en sus viajes.

Pero no sabía
cómo preguntarle.

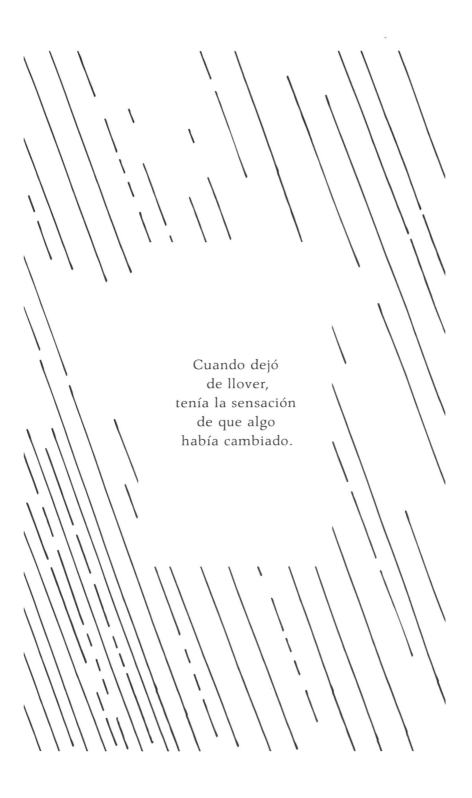

Cuando dejó
de llover,
tenía la sensación
de que algo
había cambiado.

Zorro voceó,
dirigiéndose
al bosque,
a los árboles,
a las hojas,
a los escarabajos
y a los conejos,
a la maraña de espinas
y a la vida que había
dejado atrás:
—¿Adónde fue Estrella?

Se quedó inmóvil,
escuchando
los ruidos
del bosque
y mirando cómo
las hojas
se posaban
en la tierra.

¡Zorro no podía
creer que hubiera
tantas estrellas!

Su corazón
rebosaba
felicidad.

Sabía que allí,
en algún lugar,
estaba una estrella
que había
sido suya.

Bajo
el
brillante
cielo
de
estrellas,
Zorro

inició su camino por el bosque.

El papel utilizado para la impresión de este libro ha sido fabricado a partir de madera procedente de bosques y plantaciones gestionadas con los más altos estándares ambientales, garantizando una explotación de los recursos sostenible con el medio ambiente y beneficiosa para las personas. Por este motivo, Greenpeace acredita que este libro cumple los requisitos ambientales y sociales necesarios para ser considerado un libro «amigo de los bosques». El proyecto «Libros amigos de los bosques» promueve la conservación y el uso sostenible de los bosques, en especial de los Bosques Primarios, los últimos bosques vírgenes del planeta.

Título original: *The Fox and the Star*
Publicado por primera vez en inglés en Gran Bretaña por Particular Books.

Primera edición: febrero de 2017

© 2015, Coralie Bickford-Smith, por el texto
© 2017, Penguin Random House Grupo Editorial, S.A.U.
Travessera de Gràcia, 47-49. 08021 Barcelona
© 2017, Nuria Salinas Villar, por la traducción
© 2015, Coralie Bickford-Smith, por las ilustraciones

Penguin Random House Grupo Editorial apoya la protección del *copyright*.
El *copyright* estimula la creatividad, defiende la diversidad en el ámbito de las ideas y el conocimiento, promueve la libre expresión y favorece una cultura viva. Gracias por comprar una edición autorizada de este libro y por respetar las leyes del *copyright* al no reproducir, escanear ni distribuir ninguna parte de esta obra por ningún medio sin permiso. Al hacerlo está respaldando a los autores y permitiendo que PRHGE continúe publicando libros para todos los lectores. Diríjase a CEDRO (Centro Español de Derechos Reprográficos, http://www.cedro.org) si necesita fotocopiar o escanear algún fragmento de esta obra.

Printed in Spain – Impreso en España

ISBN: 978-84-16588-18-3
Depósito legal: B-22.634-2016

Compuesto en M.I. Maquetación, S.L.

Impreso en Grafomovi, S. L.
Montmeló (Barcelona)

NT 8 8 1 8 3

Penguin
Random House
Grupo Editorial

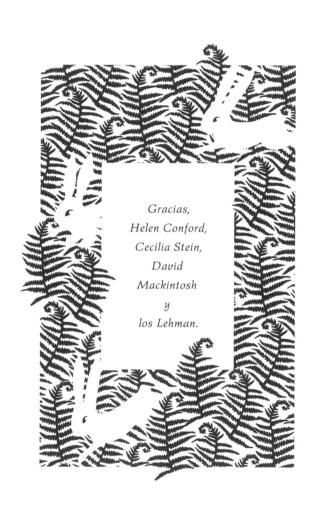

Gracias,
Helen Conford,
Cecilia Stein,
David
Mackintosh
y
los Lehman.

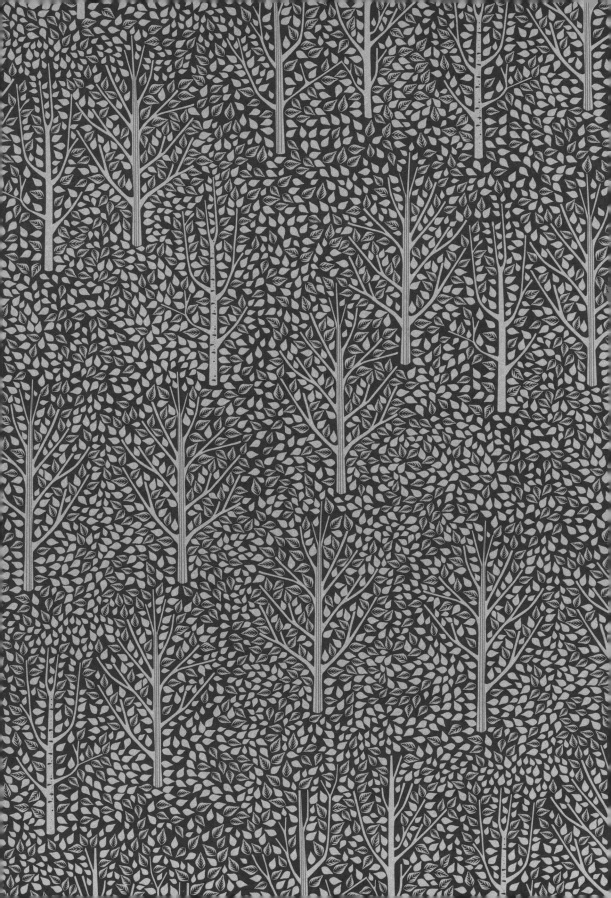

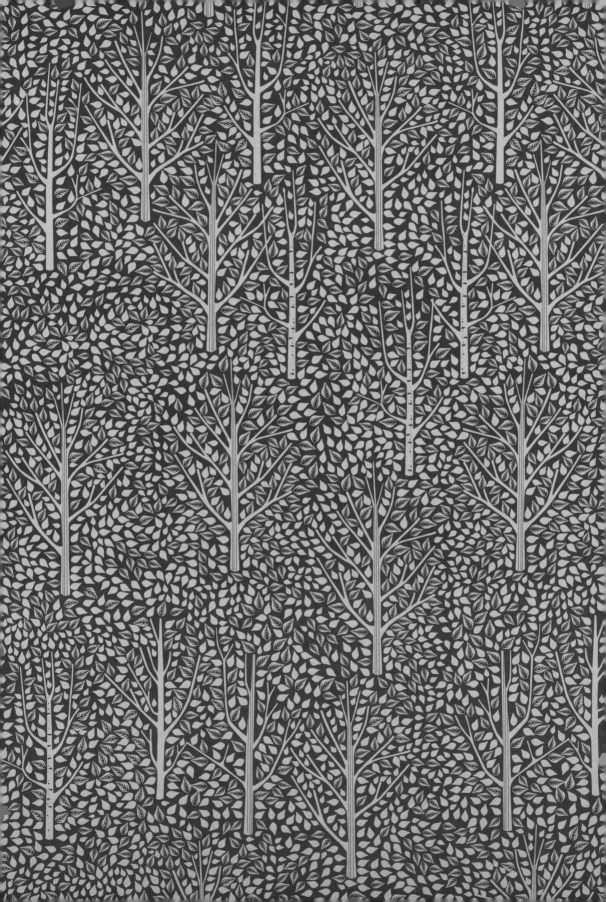